JN037302

いつもの**フルーツ**が
絶品になる

型いらずの
田舎風
タルト

(citrusorange)
Ryoko

フルーツたっぷりのタルトも、ケーキ風も、アレンジ自由自在！

with Strawberry

with Kiwi

with Blueberry

Introduction

はじめに

手作りのフルーツタルトと聞くと、
生地作りや、フルーツの調理が難しそう、
そう思う方が多いのではないでしょうか。

「田舎風タルト」は違います。
手で成形したタルト生地の上に、フレッ
シュなフルーツを好きなだけのせて、あと
はオーブンで焼くだけ。

自分で選んだ安心できる素材を使って、
目にも美しくて、おいしいタルトを。
しかも、なるべく手軽に作りたい。
これらをすべてかなえるレシピを目指して、
完成したのが、田舎風タルトです。

タルト生地やダマンドは、味はもちろん、
失敗しない作り方にもこだわりました。
もうひとつ、私が大切にしているのは、
フルーツのおいしさを最大限引き出すこと。
季節のフルーツには、そのフルーツにしか
ないおいしさがあります。ダマンドやトッ
ピングは、フルーツを引き立てるものでな
くては。
ぜひ、この本でフルーツのおいしさを再
発見してください。

休日の朝に作るような気取らないレシピ
として、田舎風タルトを楽しんでいただけ
れば、うれしく思います。

Contents

もくじ

Spring — Summer

Part 1

春〜夏の
フルーツを使って

Autumn — Winter

Part 2

秋〜冬の
フルーツを使って

Part 3

季節を問わない素材を使って

Part 4

自慢のスイーツ

Column

本書の使い方
・大さじ1は15mlです。
・焼き時間や温度は電気オーブンを目安にしています。
　熱源や機種により性能に差があるため、お使いの機器に合わせて調整してください。
・火加減は特に記載のない限り中火です。
・電子レンジは600Wのものを基準にしています。
・はちみつを使ったものは、1歳未満のお子さんには食べさせないでください。

田舎風タルトとは？

1

手で成形する
気軽なタルトです

型や焼くときの重石（タルトストーンなど）の道具は必要ありません。もちろん、から焼きする必要もなし。麺棒で生地を平らにのばしたら、生の生地にダマンドやフルーツをのせ、手で成形して、あとはオーブンに入れて焼くだけで完成！

2

季節のフルーツを
たっぷりのせます

生地やその上に塗ったダマンドが見えないくらいに、フルーツをたっぷりのせるのがおいしさへの近道。フルーツの水分が焦げづらさにつながり、味はもちろん仕上がりも美しく。また、切り方を工夫すれば、断面の形や色で仕上がりに変化をつけられます。アレンジも自由自在！

3

生地は作り置けるので、
思い立ったときに
作れます

生地は冷蔵庫または冷凍庫で保存できるので、作り置きをストックしておくと、作りたいときに作れて便利。生地を1枚分ずつに分け、冷蔵保存ならラップで包めばOK。冷凍庫で長期保存する場合（約1ヶ月めど）は、ラップの後、冷凍保存用の密封袋へ入れること。

4

生地やダマンドの
アレンジで味の
バリエーションが広がります

基本の生地、またダマンドにそれぞれ材料をプラスすることで、風味や香りを簡単にアレンジできます。例えば、ダマンドに茶葉を混ぜるだけで、香り豊かなダマンドが完成。生地×ダマンド×フルーツの組み合わせで、レシピのアレンジも無限に広がります。

タルト生地の作り方

〝サクッ！　ほろり、ザクッ！〟な食感が田舎風タルトの醍醐味。
成功の秘訣は、絶対に「こねない」こと。
材料は、タルト生地を作る直前まで冷蔵庫に入れておき、
必ず冷えた状態のものを使って。
薄力粉は、さっくりと仕上がるエクリチュール粉が断然オススメ。

プレーン材料
（直径約15cmのタルト1枚分）

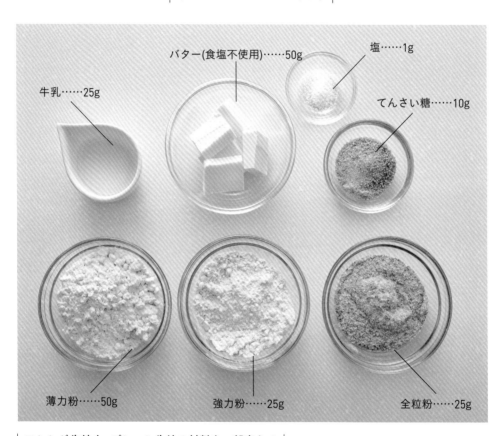

牛乳……25g

バター(食塩不使用)……50g

塩……1g

てんさい糖……10g

薄力粉……50g

強力粉……25g

全粒粉……25g

| アレンジ生地も、プレーン生地の材料を一部変えて |

ココア生地

| 強力粉……25g | → | 強力粉……50g |
| 全粒粉……25g | | 無糖ココアパウダー……10g |

小麦ふすま生地

全粒粉……25g → 小麦ふすま……25g

| 用意する道具 |

- はかり
- ボウル
- ゴムベラ（木べらでもよい）
- ラップ
- オーブン用ペーパー
- 麺棒（成形時）

| 準備 |

- バターは1cm角に切り、冷蔵庫に入れておく
- 粉類は合わせておく

Step **1**

ボウルに粉類とバターを入れる

ボウルに合わせた粉類（薄力粉＋強力粉＋全粒粉＋てんさい糖＋塩）を入れ、冷蔵庫から出したバターを入れる。

Step **2**

バターをちぎって細かくする

角切りのバターを指でちぎり、さらに細かくする。かたいバターが粉によく混ざるようになる。

Step **3**

粉とバターを混ぜる

粉とバターが砂状になるよう、両手ですり合わせる。フードプロセッサーで混ぜ合わせてもOK。

Step **4**

手で握ると
固まるくらいまでなじませる

この時点では、さらさらしていて、手で握ると形が残るくらいが理想。ポリ袋で混ぜるとこねすぎてしまうので、必ずボウル内で混ぜて。

Step 5

牛乳を加える

粉とバターが混ざった生地に牛乳を加える。

Step 6

全体を混ぜる

ゴムベラで切るように混ぜる。さっくりと全体を混ぜるようにし、力を入れて練り混ぜないこと。

Step 7

ラップを広げ、生地をのせる

生地がそぼろ状になったら、ラップを広げ、ボウルから生地を移す。ラップは22cm幅か30cm幅のもので長さ20cm以上を出しておく。

Step 8

ラップの上部をひねって閉じる

ラップの上の生地をまとめるように、ラップの4つの角を真ん中に集める。寄せ集まったラップの上部、端をひねって閉じる。

Step 9

最後に手でまとめる

ラップの外側から握ったり、手で力を込めて
こねないように生地をまとめる。ラップの上
部は結ぶようにし、生地がこぼれないように。

Step 10

完成。冷蔵庫へ

まとまった生地を、直径約10cmくらいの丸形
に手で軽く整え、冷蔵庫へ。1時間以上休ま
せる。

▶ 使うときは

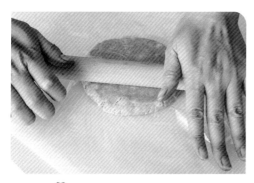

Step 1
ラップの上から
麺棒でのばす

冷蔵庫から生地を出す。オーブン用ペーパーを
敷き、上に生地をのせる。生地を包んでいたラッ
プを生地の上に広げ、上から麺棒でのばす。

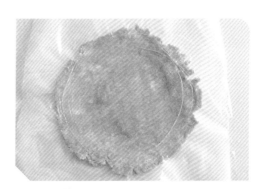

Step 2
厚さ3mm、
直径22cm程度に広げる

生地を45度くらいずつ回転させ、麺棒を上下
に動かし直径22cm程度にのばす。生地を回転
させることで、厚さが均一になる。

基本の成形

ダマンドやフルーツをのせた後、生地の縁を折りたたみます。
このとき、下に敷いたオーブン用ペーパーと手を使うことで、
体温でバターが溶けてべたべたしたり、生地が崩れることを防ぎます。
生地がポロポロしやすいので、
手早く完成させて。

ダマンド・フルーツを
置くとき、
生地の縁を3cm程度
残しておく

11ページ下段の「使うときは」で用
意したオーブン用ペーパーをタルト
の下に敷いたまま、ダマンドやフル
ーツをのせ、折り込みも行います。

下に敷いた
オーブン用ペーパーごと
中の食材を包むように
折りたたむ

生地の縁を、下に敷いたオーブン用
ペーパーごと持ち上げ、360度すべ
て内側に折りたたむ。このペーパー
は焼き終わるまで敷いたまま。

タルト生地・ダマンドは作り置きができます！

生地もダマンドも冷凍保存できるので作り置きができます。
多めに作って冷凍しておき、思い立ったときに焼きたてのタルトを！

完成したら、
ラップで包み、冷凍庫へ

タルト生地

ダマンド

使う半日前に冷蔵庫に移動し、
解凍する

・急ぐ場合は室温に1時間程度置く。
・あたたまりすぎるとバターが溶けてしまうので注意。
・触って、バターがべたつく場合はいったん冷蔵庫に戻す。

タルト生地は8ページの分量を2倍量にして、
一度に2回分作ってもOK！

ダマンドの作り方

ダマンドは、正式にはクレームダマンドといい、
フランス語で「アーモンドクリーム」の意味。
フルーツの水分を受け止め、生地とフルーツをやさしくつなぐ役割をしてくれます。
卵1個を使うと2枚分できますが、
そのほうが材料のバランスが取りやすく、失敗が少ないです。

材料
（直径約15cmのタルト2枚分）

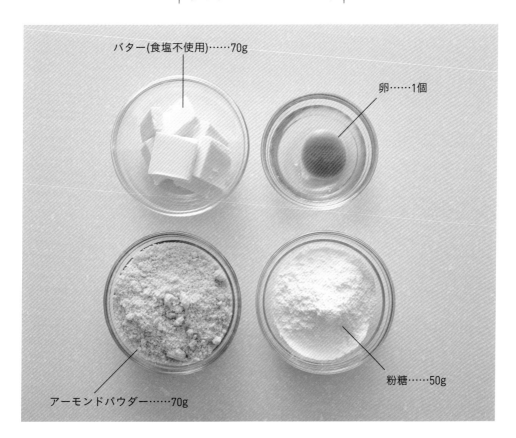

バター(食塩不使用)……70g

卵……1個

アーモンドパウダー……70g

粉糖……50g

| 用意する道具 |
● ボウル
● ゴムベラ（木べらでもよい）
● 泡立て器
● スプーン

| 準備 |
● バター、卵は室温に戻しておく

Step 1

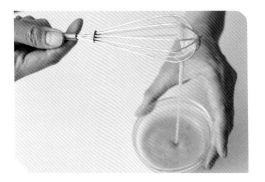

卵をとく

室温に戻した卵を使う。泡立て器で、卵白の
コシが完全にきれるまでとく。卵液の目安は、
持ち上げたときに糸のように落ちるくらいまで。

Step 2

バターを練る

室温に戻したバターをボウルに入れてゴムベ
ラを使って練る。空気を含ませないようクリ
ーム状になるまで練る。

Step 3

粉糖を入れてすり混ぜる

クリーム状にしたバターに粉糖を加え、粉糖
の粒が見えなくなるまで混ぜ合わせる。ゴム
ベラをボウルに押しつけるように混ぜて。

Step 4

卵を少しずつ加え、混ぜる

少量ずつがよいのでティースプーンなどを使
って卵を加えていく。もし分離したら、5の
アーモンドパウダーを少量加えてなじませる。

Step 5

アーモンドパウダーを加える

卵が混ざりなめらかになったら、アーモンドパウダー全量を加える。

Step 6

なめらかになるまで混ぜる

ボウルにゴムベラをすりつけながら、なめらかになるまで混ぜる。タルト生地作り同様、練らないこと。

Step 7

2等分しラップでくるみ、冷蔵庫へ

全体がなじんだら、ダマンドは完成。2等分し、ラップにくるんで、冷蔵庫へ。1時間程度休ませる。作り置きは冷凍庫で保存。

▶ 使うときは

ヘラやスプーンでほぐす

冷蔵庫から出したら、別の材料を混ぜ込む場合はボウルに移す。そのまま使うときは生地の上でのばす。冷凍の場合はp.12を参照し解凍を。

春〜夏の
フルーツを使って

春（4〜6月）・夏（7〜9月）が旬のフルーツを使い、
「甘み」や「さわやかな酸味」をまとった格別なタルトが勢揃い。
レッド、オレンジ、イエロー、ピンクなど、
色鮮やかなフルーツも多く、できあがりは目にも美しい。

Spring — Summer

いちごのタルト

プレーンな田舎風タルト生地に、フルーツをのせた基本形。
ダマンドを使わないので、焼いたいちごの
甘さと生地のおいしさを楽しめるシンプルなタルト。
いちごの甘くいい香りが部屋中に漂う幸せを。

Before Baking

| 材料 |

タルト生地 (プレーン p.8参照) ……1枚分
いちご……1パック
粉糖 (あれば) ……適量

| 準備 |

● オーブンは170℃に予熱しておく (焼成前)

| 作り方 |

1 いちごは水洗いし、キッチンペーパー
などでしっかりと水気を拭く。ヘタを
切り落とし、縦に1/2に切ったものと、
縦に1/4に切ったもの、それをさらに
横半分に切ったものの3タイプに切り
分ける。(a)

2 冷蔵庫にねかしておいた田舎風タルト
生地を出す。オーブン用ペーパーを敷
いて、麺棒で直径22cmほどにのばし
(p.11参照)、いちごを中心から隙間
を埋めるようにランダムに並べる。敷
いているオーブン用ペーパーを折り曲
げながら生地を折りたたむ。

3 2を冷蔵庫で約30分〜1時間ねかせる。

4 170℃のオーブンで50分焼く。

5 あれば粉糖を全体にふりかける。

a

3種類の切り方にすることで、いちごの食感
がより楽しめる。

いちごと
ローズマリーのタルト

いちごはダマンドとも相性バツグン！
すっきりと香りの強いローズマリーをダマンドに混ぜ込み、
スイートさの中にもふわっと香るアクセントを。
切り方によって変わるいちごの表情の違いも楽しんで。

Before Baking

材料

タルト生地（プレーン p.8参照）……1枚分
ダマンド（p.13参照）……1枚分
いちご……1パック
ローズマリー（仕上げ含む）……3〜4枝

準備

● オーブンは170℃に予熱しておく（焼成前）

作り方

1 いちごは水洗いし、キッチンペーパーなどでしっかりと水気を拭く。ヘタを切り落とし、輪切りにする（**a**）。ローズマリーは仕上げにのせる約3cm分を取り分けておき、残りの葉を枝から外しみじん切りにする。

2 冷蔵庫から出したダマンドをボウルに移し、みじん切りにしたローズマリーを加えヘラなどで混ぜ合わせる。

3 冷蔵庫にねかしておいた田舎風タルト生地を出す。オーブン用ペーパーを敷いて、麺棒で直径22cmほどにのばし（p.11参照）、**2**のダマンドを塗る。いちごを中心から隙間を埋めるようにランダムに並べる。敷いているオーブン用ペーパーを折り曲げながら生地を折りたたむ。中央に**1**で取り分けておいたローズマリーをのせる。

4 **3**を冷蔵庫で約30分〜1時間ねかせる。

5 170℃のオーブンで50分焼く。

a

火を通すと少し縮むので、4〜5mmくらいの厚めの輪切りに。

オレンジとチョコのタルト

オレンジと
チョコのタルト

オレンジを輪切りにしデコレーションすれば、
太陽のような陽気なタルトの完成。
焼いたオレンジのジュワッとした食感に
チョコチップの甘さがぴったりの1枚。

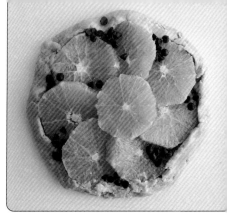

Before Baking

材料

タルト生地（プレーン p.8参照）……1枚分
ダマンド（p.13参照）……1枚分
オレンジ……1〜2個
チョコチップ（仕上げ含む）……40〜50g

準備

● オーブンは170℃に予熱しておく（焼成前）

作り方

1 オレンジはヘタと反対側の端を切り落とし、そのまま包丁やナイフを使って皮を剥く。皮を剥いたら輪切り（**a**）。

2 冷蔵庫から出したダマンドをボウルに移す。仕上げ用に1/3量を取り分け、残りのチョコチップを加えヘラなどで混ぜ合わせる（**b**）。

3 冷蔵庫にねかしておいた田舎風タルト生地を出す。オーブン用ペーパーを敷いて、麺棒で直径22cmほどにのばし（p.11参照）、**2**のダマンドを塗る。オレンジを円を描くように少し重ねて並べ、中心に1枚のせる。敷いているオーブン用ペーパーを折り曲げながら生地を折りたたむ。**2**で取り分けておいたチョコチップを全体にちらす。

4 **3**を冷蔵庫で約30分〜1時間ねかせる。

5 170℃のオーブンで50分焼く。

a

薄皮も剥くため、皮は厚めに削ぐように
剥く。輪切りの厚さは約1cm。

b

チョコチップをダマンドに加える際は、
2回くらいに分けて混ぜると均等に。

c

チョコチップがない場合、板チョコレー
トなどを砕いたものでも代用可。

グレープフルーツと紅茶のタルト

グレープフルーツと
紅茶のタルト

ティーバッグを賢く使ってダマンドの味を簡単にチェンジ。
グレープフルーツは、ホワイトを使ってもOK。
あるいは、ホワイトとルビー、2種類の果肉を
交互に並べて焼いても色味がきれい。

Before Baking

材料

タルト生地 (プレーン p.8参照) …… 1枚分
ダマンド (p.13参照) …… 1枚分
グレープフルーツ (ルビー) …… 1玉
紅茶のティーバッグ (アッサムやウバ等) …… 1袋

準備

● オーブンは170℃に予熱しておく (焼成前)

作り方

1 グレープフルーツはヘタと反対側の端を切り落とし、そのまま包丁やナイフを使って皮を剥く。房ごとに薄皮を剥き、実を手で分ける (**a**) (**b**)。

2 冷蔵庫から出したダマンドをボウルに移し、ティーバッグから紅茶の葉を出して (**c**) 加え、ヘラなどで混ぜ合わせる。

3 冷蔵庫にねかしておいた田舎風タルト生地を出す。オーブン用ペーパーを敷いて、麺棒で直径22cmほどにのばし (p.11参照)、**2** のダマンドを塗る。グレープフルーツを円を描くように少し重ねて並べ、中心に実を1つのせる。敷いているオーブン用ペーパーを折り曲げながら生地を折りたたむ。

4 **3** を冷蔵庫で約30分〜1時間ねかせる。

5 170℃のオーブンで50分焼く。

a

皮を剥き、房と房の間に刃を入れて半分に割る。

b

房を覆う薄皮の中心から指の先端を使ってはがすように手で分ける。

c

ティーバッグの茶葉は細かいので、そのままダマンドに混ぜてOK。

ルバーブとバラのタルト

ルバーブと
バラのタルト

〳 寄木細工のような緻密なデコレーションが、目を引く1枚。
〳 ルバーブはジャムやタルトに使われ、酸味と鮮やかな赤色が特徴。
〳 ふんわりとバラが香る甘いダマンドと
〳 すっきりしたルバーブの相性のよさは感動モノ。

Before Baking

| 材料 |

タルト生地 (プレーン p.8参照)……1枚分
ダマンド (p.13参照)……1枚分
ルバーブ……2〜3本
ローズペタル……小さじ1

| 準備 |

● オーブンは170℃に予熱しておく (焼成前)

| 作り方 |

1 ルバーブは菱形になるように斜め切り
にする (**a**)。

2 冷蔵庫から出したダマンドをボウルに
移し、ローズペタル (**b**) を加えヘラ
などで混ぜ合わせる。

3 冷蔵庫にねかしておいた田舎風タルト
生地を出す。オーブン用ペーパーを
敷いて、麺棒で直径22cmほどにのば
し (p.11参照)、**2**のダマンドを塗る。
ルバーブを中心から組み並べていく
(**c**)。敷いているオーブン用ペーパ
ーを折り曲げながら生地を折りたたむ。

4 **3**を冷蔵庫で約30分〜1時間ねかせる。

5 170℃のオーブンで50分焼く。

a

2cm程度の太さが並べやすいので、太い
ルバーブは半分に切ると使いやすい。

b

ローズペタルは乾燥させたバラの花びら。
製菓店などで売っている。

c

ルバーブを6切れ前後使い、中心に花の
ように並べる。その周りを一つひとつル
バーブを組んで埋めていく。

アメリカンチェリーの
タルト

ジューシーで甘酸っぱいチェリーが
ゴロゴロ入ったタルトは、ボリューム満点。
ダマンドはそのまま使って、
シンプルだけど、飽きのこない王道のタルトに。

Before Baking

材料

タルト生地（プレーン p.8参照）……1枚分
ダマンド（p.13参照）……1枚分
アメリカンチェリー……300〜400g

準備

● オーブンは170℃に予熱しておく（焼成前）

作り方

1 アメリカンチェリーは水洗いし、キッチンペーパーなどでしっかりと水気を拭く。軸を取り、半分に切ったら（**a**）種をのぞく（**b**）。

2 冷蔵庫にねかしておいた田舎風タルト生地、ダマンドを出す。オーブン用ペーパーを敷いて、生地は麺棒で直径22cmほどにのばす（p.11参照）。ダマンドを生地の上にのせ、広げる。アメリカンチェリーを端から中心に向かって立てるように並べる（**c**）。敷いているオーブン用ペーパーを折り曲げながら生地を折りたたむ。

3 **2**を冷蔵庫で約30分〜1時間ねかせる。

4 170℃のオーブンで50分焼く。

a

縦にナイフを1周させた後、ひねるようにして半分にする。

b

種は指でも取りのぞけるが、スプーンなどを使うとさらに簡単。

c

チェリーとチェリーを立て掛けるように重ねて並べ、たっぷりとのせる。

アメリカンチェリーとチョコのタルト

アメリカンチェリーと
チョコのタルト

ココア生地とアメリカンチェリー、チョコを使ったケーキ、
「フォレ・ノワール」をイメージしたタルト。
チョコレートソースは電子レンジで手早く作れるので、
ほかのスイーツでも出番がありそう。

Before Baking

材料

タルト生地（ココア p.8参照）……1枚分
ダマンド（p.13参照）……1枚分
アメリカンチェリー……150〜200g

チョコレートソース（p.65参照）……30g

準備

- p.65を参照しチョコレートソースを作る
- オーブンは170℃に予熱しておく（焼成前）

作り方

1 アメリカンチェリーは水洗いし、キッチンペーパーなどでしっかりと水気を拭く。軸を取り、半分に切ったら種をのぞく。

2 冷蔵庫にねかしておいた田舎風タルト生地、ダマンドを出す。オーブン用ペーパーを敷いて、生地は麺棒で直径22cmほどにのばす（p.11参照）。ダマンドを生地の上にのせ、広げる。アメリカンチェリーの断面を見せるように端から中心に向かって並べる（**a**）。敷いているオーブン用ペーパーを折り曲げながら生地を折りたたむ。

3 **2**を冷蔵庫で約30分〜1時間ねかせる。

4 170℃のオーブンで50分焼く。

5 焼き上がりにチョコレートソースをかける。

断面を中心に向けて、並べていく。

フレッシュな桃とアールグレイのタルト

フレッシュな桃と
アールグレイのタルト

〈 山盛りにした桃の豊かな甘みを、
〈 ダマンドに混ぜ込んだアールグレイの芳香が引き締める。
〈 酸味のあるヨーグルトクリームを添えて、
〈 味のコントラストも楽しんで。

Before Baking

| 材料 |

タルト生地（プレーン p.8参照）……1 枚分
ダマンド（p.13参照）……1枚分
白桃……2個
紅茶の葉（アールグレイ）……2g

ヨーグルトクリーム
生クリーム……20g
グラニュー糖……4g
ヨーグルト……40g（水切り後20g）
ミント（あれば）……適量

| 準備 |

● オーブンは170℃に予熱しておく（焼成前）
● 生クリームはグラニュー糖を加え7分立て
に泡立てておく。ヨーグルトは水切り（ボ
ウルにキッチンペーパーを敷いたザルを
重ね、ヨーグルトを入れ約2時間置く）し、
冷蔵庫へ入れておく。

| 作り方 |

1 紅茶の葉はすり鉢で粉末状にする（ティーバッグの場合はそのまま）。冷蔵庫から出したダマンドをボウルに移し、粉末にした茶葉を加えヘラなどで混ぜ合わせる（**a**）。

2 冷蔵庫にねかしておいた田舎風タルト生地を出す。オーブン用ペーパーを敷いて、麺棒で直径22cmほどにのばし（p.11参照）、**1**のダマンドを生地の上にのせ、広げる。敷いているオーブン用ペーパーを折り曲げながら生地を折りたたむ。

3 **2**を冷蔵庫で約30分〜1時間ねかせる。

4 170℃のオーブンで50分焼く。
※途中、焦げそうなときはアルミホイルをのせる。

5 焼き上がったら、白桃の皮を剥き、ひと口大にカットする。ホイップした生クリームに水切りしたヨーグルトを泡立て器で混ぜ合わせる。

6 粗熱がとれたタルト台に白桃をランダムにのせる。仕上げに**5**のヨーグルトクリーム、あればミントの葉をのせる。

a
粉末にすることで香りがさらに立ち、ダマンドにも混ざりやすくなる。

あんずのタルト

あんずのタルト

〳 花のように並んだあんずにうっとり。
〳 あんずをとにかく薄くスライスするのが成功のカギ。
〳 あんずの酸味が強いので
〳 仕上げにはちみつの甘みとツヤを必ず足して。

Before Baking

材料

タルト生地 (プレーン p.8参照) ……1 枚分
ダマンド (p.13参照) ……1枚分
あんず……6〜8個
はちみつ……適量

準備

● オーブンは170℃に予熱しておく (焼成前)

作り方

❶ あんずは水洗いし、キッチンペーパーなどでしっかりと水気を拭く。半分に切って種をのぞき、1〜2mmの極めて薄いスライスにする。

❷ 冷蔵庫にねかしておいた田舎風タルト生地、ダマンドを出す。オーブン用ペーパーを敷いて、生地は麺棒で直径22cmほどにのばす (p.11参照)。ダマンドを生地の上にのせ、広げる。あんずを外側から中心に向かって弧を描くように丁寧に並べていく (**a**)。敷いているオーブン用ペーパーを折り曲げながら生地を折りたたむ。

❸ **2**を冷蔵庫で約30分〜1時間ねかせる。

❹ 170℃のオーブンで50分焼く。

❺ 焼き上がりに、好みの量のはちみつをかける。

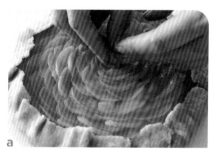

a

中心部分は2〜3枚をクルクルと巻いてのせる。

ブルーベリーの
タルト

日本で栽培されるブルーベリーは夏が旬。
生のブルーベリーをたっぷり使ってジューシーに。
シンプルだからこそ、ダマンドと生地が引き立つ、
タルトの定番。

Before Baking

| 材料 |

タルト生地（プレーン p.8参照）……1 枚分
ダマンド（ p.13参照）……1枚分
ブルーベリー……1〜1.5パック
タイム（あれば）……適量

| 準備 |

● オーブンは170℃に予熱しておく（焼成前）

| 作り方 |

1 ブルーベリーは水洗いし、キッチンペーパーなどでしっかりと水気を拭く（**a**）。

2 冷蔵庫にねかしておいた田舎風タルト生地、ダマンドを出す。オーブン用ペーパーを敷いて、生地は麺棒で直径22cmほどにのばす（p.11参照）。ダマンドを生地の上にのせ、広げる。ブルーベリーを中心が山になるように隙間なく並べる（**b**）。敷いているオーブン用ペーパーを折り曲げながら生地を折りたたむ。

3 **2**を冷蔵庫で約30分〜1時間ねかせる。

4 170℃のオーブンで50分焼く。

5 あればタイムの葉をのせる。

a

バットにキッチンペーパーを敷き、ブルーベリーをころがす。簡単ながらしっかり水気が取れる。

b

中央が少し盛り上がり、山になるようにブルーベリーを並べる。ダマンドが見えないくらいぎっしり敷くときれいな仕上がりに。

パイナップルと
ココナッツのタルト

温暖な土地で育ったトロピカルフルーツ同士をミックスし、
さわやかな香り×甘みが楽しめる、
暑い季節にぴったりの見た目も夏らしいタルト。
ココナッツはパウダーではなく、粗挽きを選んで香り高く。

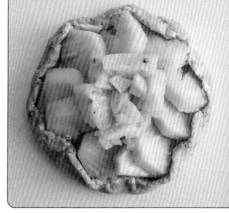

Before Baking

材料

タルト生地(プレーン p.8参照)……1 枚分
ダマンド(p.13参照)……1枚分
パイナップル……½個
ココナッツファイン……30g

準備

● オーブンは170℃に予熱しておく(焼成前)

作り方

1 パイナップルは皮を剝き、縦に2等分
して芯を除き、厚さ1cmに切る。3切
れを取り分け、さらに半分に切ったも
のと、小さな乱切りとに切り分ける
(**a**)。

2 冷蔵庫から出したダマンドをボウルに
移し、ココナッツファイン(**b**)を加
えヘラなどで混ぜ合わせる。

3 冷蔵庫にねかしておいた田舎風タルト
生地を出す。オーブン用ペーパーを
敷いて、麺棒で直径22cmほどにのば
し(p.11参照)、**2**のダマンドを塗る。
パイナップルを端には大サイズを並べ、
2段目は中サイズ、中心は小さな乱切
りを並べる。敷いているオーブン用ペー
パーを折り曲げながら生地を折りた
たむ。

4 **3**を冷蔵庫で約30分～1時間ねかせる。

5 170℃のオーブンで50分焼く。

a

切り方を、大・中・小と分けることでデコレ
ーションしたときに立体感UP!!

b

ココナッツを粗挽きにした「ファイン」は製
菓店などで手に入る。

Part

秋〜冬の
フルーツを使って

秋（10〜12月）・冬（1〜3月）は、
火を通すことでほくほくとしたやわらかな食感が楽しめる、
りんごやさつまいも、かぼちゃなどを主役に。
大人も子どもも楽しめるタルトが目白押し。

ぶどうとウーロン茶のタルト／いちじくとブルーチーズのタルト／洋梨とチョコのタルト／りんごのタルト／りんごとシナモンのタルト／さつまいもとりんごのタルト／かぼちゃとラムレーズンのタルト／柿とほうじ茶のタルト／キウイとカモミールのタルト／きんかんとクリームチーズのタルト／ゆずのチーズケーキ風タルト

Autumn — Winter

041

ぶどうとウーロン茶のタルト

ぶどうと
ウーロン茶のタルト

香り高いウーロン茶を芳醇なぶどうにまとわせることで、
口いっぱいに豊かな風味が広がる。
皮ごとぶどうを焼くことで、プチッと弾けるような食感に。
種なしの品種を選ぶのを忘れずに。

Before Baking

材料

タルト生地（プレーン p.8参照）……1枚分
ぶどう（種なし、皮ごと食べられるもの）
　　……½房
ウーロン茶の葉……3g

準備

●オーブンは170℃に予熱しておく（焼成前）

作り方

1. ぶどうは水洗いし、キッチンペーパーなどでしっかりと水気を拭き、半分に切る。茶葉はすり鉢で粉末状にする。

2. ぶどうをボウルに移し、粉末にした茶葉をヘラなどで混ぜ合わせる（a）。

3. 冷蔵庫にねかしておいた田舎風タルト生地を出す。オーブン用ペーパーを敷いて、麺棒で直径22cmほどにのばし（p.11参照）、ぶどうを中心が山になるように隙間なく並べる（b）。敷いているオーブン用ペーパーを折り曲げながら生地を折りたたむ。

4. 3を冷蔵庫で約30分〜1時間ねかせる。

5. 170℃のオーブンで50分焼く。

a

ツルンとしたぶどうの丸い粒でも、粉末状にすった茶葉ならよくなじむ。

b

中央が少し盛り上がり、山になるようにぶどうを並べる。

いちじくと
ブルーチーズのタルト

秋を代表するいちじくに個性的な香りのブルーチーズ、
さらにはちみつの甘みを絡めて仕上げたイチオシのタルト。
いちじくは、2種類の大きさに切って
盛りつけることでぜいたくな果実感も味わえる。

Before Baking

材料

タルト生地（プレーン p.8参照）……1枚分
ダマンド（p.13参照）……1枚分
いちじく……4〜5個
ブルーチーズ……適量
はちみつ……適量

準備

● オーブンは170℃に予熱しておく（焼成前）

作り方

1 いちじくは水洗いし、キッチンペーパーなどでしっかりと水気を拭く。ヘタ部分を切り落とし、4等分、その4等分をさらに半分に切ったものの2タイプに切り分ける（**a**）。

2 冷蔵庫にねかしておいた田舎風タルト生地、ダマンドを出す。オーブン用ペーパーを敷いて、生地は麺棒で直径22cmほどにのばす（p.11参照）。ダマンドを生地の上にのせ、広げる。いちじくをランダムに隙間なく並べる。敷いているオーブン用ペーパーを折り曲げながら生地を折りたたむ。

3 **2**を冷蔵庫で約30分〜1時間ねかせる。

4 ブルーチーズを手でちぎって**3**にのせる。170℃のオーブンで50分焼く。

5 焼き上がりに、好みの量のはちみつをかける。

¼サイズと⅛サイズはお好みで切り分けて。

洋梨と
チョコのタルト

上品な香りの洋梨は焼くとほくっとした食感に。
シンプルなダマンドが梨の香りと食感のひき立て役。
ココア生地と濃厚なチョコレートソースで、
秋らしい味わいに。

Before Baking

| 材料 |

タルト生地（ココア p.8参照）……1枚分
ダマンド（p.13参照）……1枚分
洋梨……1個
チョコレートソース（p.65参照）……30g

| 準備 |

● p.65を参照しチョコレートソースを作る
● オーブンは170℃に予熱しておく（焼成前）

| 作り方 |

1 洋梨は縦に4等分に切り、ヘタと芯を
取りのぞいてから皮を剥き、3〜4mm
厚さにスライスする。

2 冷蔵庫にねかしておいた田舎風タルト
生地、ダマンドを出す。オーブン用ペー
パーを敷いて、生地は麺棒で直径22
cmほどにのばす（p.11参照）。ダマン
ドを生地の上にのせ、広げる。洋梨の
スライスを¼量ずつずらしながら並
べる（a）。敷いているオーブン用ペー
パーを折り曲げながら生地を折りた
たむ。

a
洋梨の断面が見える方向・角度を、¼量ず
つ変えて並べる。

3 2を冷蔵庫で約30分〜1時間ねかせる。

4 170℃のオーブンで50分焼く。

5 焼き上がりにチョコレートソースをか
ける。

りんごのタルト
048

りんごのタルト

スライスしたりんごを並べた、シンプルだけど王道のタルト。
華やかに仕上げるカギは、
スライサーを使って薄くしたりんごをたっぷりのせること。
紅玉、ふじ、ジョナゴールドなど、りんごの品種はお好みで。

Before Baking

| 材料 |

タルト生地（プレーン p.8参照）……1枚分
ダマンド（p.13参照）……1枚分
りんご……1個半〜2個
はちみつ……適量

| 準備 |

● オーブンは170℃に予熱しておく（焼成前）

| 作り方 |

1 りんごは水洗いし、皮を剝いたら縦8
等分に切る。ひと切れずつ両側より
斜めに切り込みを入れて、芯と種の部
分を取りのぞく。ボウルに塩水（分量
外）を用意し、スライサーでスライス
したりんごをさらしていく（**a**）。

2 冷蔵庫にねかしておいた田舎風タルト
生地、ダマンドを出す。オーブン用ペー
パーを敷いて、生地は麺棒で直径
22cmほどにのばす（p.11参照）。ダマ
ンドを生地の上にのせ、広げる。りん
ごの水気をよく拭きとり、端から円を
描くように少し重ねながら並べ（**b**）、
中心に小さめのりんごを同様に並べる。
敷いているオーブン用ペーパーを折り
曲げながら生地を折りたたむ。

3 **2**を冷蔵庫で約30分〜1時間ねかせる。

4 170℃のオーブンで50分焼く。

5 焼き上がりに、好みの量のはちみつを
かける。

a

りんごの変色防止のため、塩水（水400mℓ
に対し塩1g／ひとつまみ）にさらす。

b

スライスしたりんごは少しズラしながら
重ねて均等に並べていく。

りんごとシナモンのタルト

りんごと
シナモンのタルト

キャラメリゼしたりんごにサクサクのクランブルをトッピングした、
シナモンが香る本格アップルパイ風の1枚。
クランブルは混ぜるだけなので意外に簡単。
りんごは加熱するので、少しやわらかくなったものでもOK。

Before Baking

材料

タルト生地（プレーン p.8参照）……1枚分
ダマンド（p.13参照）……1枚分
りんご……1個
グラニュー糖……15g
水……大さじ1

クランブル
バター（食塩不使用）……25g
薄力粉……35g
てんさい糖……20g
塩……1g
シナモンパウダー……3g

準備

● クランブルを作る
1　ボウルに薄力粉、てんさい糖、塩、シ
　　ナモンパウダーを入れ、約1cm角に切
　　って冷蔵庫で冷やしたバターを加え
　　て、バターをすりつぶしながら混ぜる
　　（a）。
2　ポロポロと、適度なかたまりができた
　　らOK。冷蔵庫に入れる。

● オーブンは170℃に予熱しておく（焼成前）

作り方

1　りんごは水洗いし、皮を剝いたら縦8等分
　　に切る。ひと切れずつ両側より斜めに切り
　　込みを入れて、芯と種の部分を取りのぞく。

2　フライパンにグラニュー糖、水を入れて中
　　火にかける。栗の鬼皮くらいの茶色になっ
　　たら、1のりんごを加えて絡め、キャラメ
　　リゼする（b）。粗熱をとっておく。

3　冷蔵庫にねかしておいた田舎風タルト生地、
　　ダマンドを出す。オーブン用ペーパーを敷
　　いて、生地は麺棒で直径22cmほどにのば
　　す（p.11参照）。ダマンドを生地の上にの
　　せ、広げる。粗熱をとったりんごを中心か
　　ら放射状に並べ、クランブルを全体にちら
　　す。敷いているオーブン用ペーパーを折り
　　曲げながら生地を折りたたむ。

4　3を冷蔵庫で約30分〜1時間ねかせる。

5　170℃のオーブンで50分焼く。

a
指を使って、冷たいバターと薄力粉、て
んさい糖、塩、シナモンパウダーを練り
混ぜ、そぼろ状にしていく。

b
りんご全体にキャラメルが絡むよう、と
きどき混ぜる。

さつまいもと
りんごのタルト

さつまいもの薄切りのデコレーションの下に
角切りりんごの入ったダマンドを敷いた、秋のタルト。
パリッとした食感とほくほくした食感の組み合わせを楽しんで。
メープルシロップのトロッとした甘みもお似合い。

Before Baking

材料

タルト生地（プレーン p.8参照）……1枚分
ダマンド（p.13参照）……1枚分
さつまいも……150〜200g
りんご……1/8個
メープルシロップ……適量

準備

● オーブンは170℃に予熱しておく（焼成前）

作り方

1. さつまいもはよく水洗いして泥などの汚れを落とす。キッチンペーパーなどでしっかりと水気を拭いてから厚さ2mm前後の薄切りにする（a）。りんごは水洗いし皮を剥き、1cm角の角切りにしておく。

2. 冷蔵庫から出したダマンドをボウルに移し、1のりんごを加えヘラなどで混ぜ合わせる（b）。

3. 冷蔵庫にねかしておいた田舎風タルト生地を出す。オーブン用ペーパーを敷いて、麺棒で直径22cmほどにのばし（p.11参照）、2のダマンドを塗る。1のさつまいもを端から円を描くように並べ、その内側、中心と同様に並べる。敷いているオーブン用ペーパーを折り曲げながら生地を折りたたむ。

4. 3を冷蔵庫で約30分〜1時間ねかせる。

5. 170℃のオーブンで50分焼く。

6. 焼き上がりにメープルシロップを塗る。

a

さつまいもは皮つきのまま使用。太い場合は、半月切りにしても。

b

角切りにしたりんごはダマンドに混ぜるので、塩水につけずそのままでよい。

かぼちゃと ラムレーズンのタルト

厚切りかぼちゃは予熱からオーブンに入れることで、
じっくりと火が通り、ほっくりした食感に。
ラムレーズンは市販のものでもいいけれど、家で作って
仕上げにラム酒をひと塗りするのもおすすめ。

Before Baking

材料

タルト生地（プレーン p.8参照）……1枚分
ダマンド（p.13参照）……1枚分
かぼちゃ……400〜500g
漬け込んだラム酒（あれば）……適量
ローズマリー（あれば）……適量

ラムレーズン（市販のラムレーズン25gでも）
レーズン……適量
ラム酒……適量

準備

● ラムレーズンを前日までに作る
1 耐熱ガラスの瓶を、煮沸してよく乾かす。
2 1の瓶にお好みの量のレーズンを入れ、レーズンがひたひたに浸かるまでラム酒を加える（a）。室温で1日以上ねかす。

作り方

1 かぼちゃは種とわたを取って水洗いし、キッチンペーパーなどでしっかりと水気を拭いてからざっくりと切り分け、1cm幅に切る（b）。

2 冷蔵庫から出したダマンドをボウルに移し、仕上げの分（約5g）を取り分けた残りのラムレーズンを加えヘラなどで混ぜ合わせる。漬け込んだラム酒はとっておく。

3 冷蔵庫にねかしておいた田舎風タルト生地を出す。オーブン用ペーパーを敷いて、麺棒で直径22cmほどにのばし（p.11参照）、2のダマンドを塗る。1のかぼちゃを端から並べ、その内側、中心と同様に並べる。敷いているオーブン用ペーパーを折り曲げながら生地を折りたたむ。

4 3を冷蔵庫で約30分〜1時間ねかせる。

5 4を170℃に設定した予熱からオーブンに入れ、予熱終了後に40分焼く。

6 焼き上がりにラムレーズンをのせ、漬け込んだラム酒をさっと塗る。あればローズマリーをのせる。

※仕上げのラム酒・ラムレーズンにはアルコール分が残るため、子どもやアルコールに弱い人などが食べる際は注意する。

a
水分や空気が入らないように、レーズンは完全にラム酒に浸す。

b
かぼちゃは厚めに切ることで、火を通した後、ほくほくしっとりした食感に。

柿とほうじ茶の
タルト

ほうじ茶のふくよかな旨みと渋みが、柿の甘さを引き立てる。
柿は焼くことでジュワッとした食感に。
生地には小麦ふすまをプラスして、
ざくざくとした生地の香ばしさを楽しんで。

Before Baking

| 材料 |

タルト生地（小麦ふすま〈**a**〉p.8参照）……1枚分
ダマンド（p.13参照）……1枚分
柿（種なし）……1〜2個
ほうじ茶の葉……3g

| 準備 |

● オーブンは170℃に予熱しておく（焼成前）

| 作り方 |

1 柿は皮を剝いて、3〜4mm厚さの輪切りにする（**b**）。

2 ほうじ茶の葉はすり鉢で粉末状にする。冷蔵庫から出したダマンドをボウルに移し、粉末にした茶葉を加えヘラなどで混ぜ合わせる。

3 冷蔵庫にねかしておいた田舎風タルト生地を出す。オーブン用ペーパーを敷いて、麺棒で直径22cmほどにのばし（p.11参照）、**2**のダマンドを塗る。**1**の柿を円を描くように少し重ねて並べ、中心に1枚のせる。敷いているオーブン用ペーパーを折り曲げながら生地を折りたたむ。

4 **3**を冷蔵庫で約30分〜1時間ねかせる。

5 170℃のオーブンで50分焼く。

a

製菓用の小麦ふすま。小麦の香りとざくざくした食感をプラスできる。

b

種なしの柿を使うことで、仕上がりの美しさはもちろん、手間も省ける。

キウイと
カモミールのタルト

さわやかなキウイに、ハーブティーの中でもりんごに似た
やさしい香りが特徴のカモミールを組み合わせて。
すっきりとした中にも甘さ、
果肉の食感など味のコントラストが楽しめる。

Before Baking

材料

タルト生地（プレーン p.8参照）……1枚分
ダマンド（p.13参照）……1枚分
キウイ……2個
ティーバッグ（カモミール）……1袋

準備

●オーブンは170℃に予熱しておく（焼成前）

作り方

1 キウイは皮を剥いて、3〜4mm厚さの
輪切りにする。

2 冷蔵庫から出したダマンドをボウルに
移し、ティーバッグから茶葉を出して
（**a**）加え、ヘラなどで混ぜ合わせる。

3 冷蔵庫にねかしておいた田舎風タルト
生地を出す。オーブン用ペーパーを敷
いて、麺棒で直径22cmほどにのばし
（p.11参照）、**2**のダマンドを塗る。**1**
のキウイを円を描くように少し重ねて
並べ、中心に1枚のせる。敷いている
オーブン用ペーパーを折り曲げながら
生地を折りたたむ。

4 **3**を冷蔵庫で約30分〜1時間ねかせる。

5 170℃のオーブンで50分焼く。

a

カモミールティーのティーバッグを開け、中
の茶葉をダマンドと混ぜる。

きんかんと
クリームチーズの
タルト

きんかん特有の甘酸っぱさやほのかな苦みと
ミルキーなクリームチーズは相性バツグン。
たっぷりのせたきんかんの黄色があざやかなので、
見ためも華やかなタルトに。

Before Baking

材料

タルト生地（プレーン p.8参照）……1枚分
ダマンド（p.13参照）……1枚分
きんかん……8〜10個
クリームチーズ……15〜20g
タイム（あれば）……適量

準備

● オーブンは170℃に予熱しておく（焼成前）

作り方

1 きんかんは水洗いし、キッチンペーパーなどでしっかりと水気を拭く。半分に切り、種をのぞいて（**a**）3〜4mm厚さの輪切りにする。

2 冷蔵庫にねかしておいた田舎風タルト生地、ダマンドを出す。オーブン用ペーパーを敷いて、生地は麺棒で直径22cmほどにのばす（p.11参照）。ダマンドを生地の上にのせ、広げる。生地にダマンドを塗る。きんかんを端から少し重なるように並べる。クリームチーズを手でちぎって隙間にちらす。敷いているオーブン用ペーパーを折り曲げながら生地を折りたたむ。

3 **2**を冷蔵庫で約30分〜1時間ねかせる。

4 170℃のオーブンで50分焼く。

5 あればタイムをのせる。

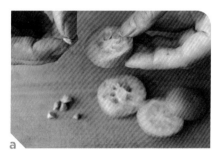

a

種を一粒ずつきれいに取りのぞく。爪楊枝など先が細いものを使っても◎。

ゆずの
チーズケーキ風タルト

香りを楽しむゆずは、クリームチーズと合わせて、
チーズケーキ風のフィリングに。
バスク風チーズケーキのような焼き目をつけたら、
ゆずカード（＝バターを使ったコクのあるスプレッド）をトッピングして。

Before Baking

材料

タルト生地（プレーン p.8参照）……1枚分

フィリング
ゆずの皮（すりおろしたもの）……大さじ1
クリームチーズ……50g
グラニュー糖……15g
卵黄……1個分
薄力粉……5g
生クリーム……100g
ゆずカード
卵……1個
バター（食塩不使用）……30g
グラニュー糖……30g
ゆず（果汁）……1個分
薄力粉……5g
トッピング
生クリーム……20g
グラニュー糖……2g
ミントの葉（あれば）……適量

準備

● クリームチーズを室温に戻す
● ゆず（無農薬のもの）は表面をよく洗っ
  て皮の水分を拭き、果汁を搾っておく
● バターを電子レンジで30秒加熱し、溶
  かしバターの状態にする
● 生クリームはグラニュー糖を加え7分
  立てに泡立てておく
● オーブンは170℃に予熱する（焼成前）

作り方

1 フィリングを作る。クリームチーズにグラ
ニュー糖を入れてすり混ぜる。次に卵黄を
加えて混ぜ、薄力粉を入れて混ぜる。ゆず
の皮を入れる（**a**）。

2 混ぜ合わせた**1**に生クリームを少しずつ加
え、全体になじませながら混ぜる。よりな
めらかに仕上げたい場合はこし器でこす。

3 ゆずカードを作る。卵を白身のかたまりが
なくなるまで泡立てないよう静かにとき、
砂糖を入れて混ぜる。次に薄力粉をふるい
にかけながら加え、粉っぽさがなくなるま
で混ぜる。

4 混ぜ合わせた**3**にゆず果汁、溶かしバター
を加えて混ぜる。

5 小鍋に**4**を移し弱火にかける。ゴムベラな
どを使い、手を止めずもったりとした感触
になるまで混ぜる。向こうから手前にゴ
ムベラを押し付けるようにすると跡がスッ
と残るくらいが仕上がった状態（**b**）。粗
熱をとり、冷蔵庫に入れる。

6 冷蔵庫にねかしておいた田舎風タルト生
地を出す。オーブン用ペーパーを敷いて、
麺棒で直径22cmほどにのばし（p.11参照）、
敷いているオーブン用ペーパーを折り曲げ
ながら生地を折り込んで土手を作る。チー
ズフィリングを流し入れたら、冷蔵庫で約
30分〜1時間休ませる。

7 170℃のオーブンで50分焼く。途中で焼き
色が濃くなってきたら焦げないようアルミ
ホイルをかぶせる。

8 **7**の粗熱がとれたらゆずカードと生クリー
ムをのせる。あればミントの葉をのせる。

a
皮をおろし金などですりおろす
ことで香りが強くなる。

b
ゆずカードを加熱し、このくらい
のかたさになったら火を止める。

田舎風タルトのソースとトッピング

タルトを
ランクアップする
ソースのレシピ
1

Caramel

リッチな香りがたまらない
キャラメルソース

素材をキャラメリゼするときにも、トッピングにも使えるソース。
火加減と色の特徴がわかれば、意外と簡単にマスターできます。

キャラメルソースが合う田舎風タルト
- りんごとシナモンのタルト（p.50）
- バナナとキャラメルのタルト（p.70）
- ミックスナッツのタルト（p.76）

材料（作りやすい分量）

グラニュー糖……75g
生クリーム……50g
水……大さじ1
塩……1g
※グラニュー糖のように白い砂糖
の方が加熱したときの色の変化が
わかりやすい。

作り方

1 フライパンにグラニュー糖を入れ、グ
　ラニュー糖を水で湿らせる。
2 全体が栗の鬼皮くらいの茶色になるま
　で弱火で混ぜずに加熱する。
3 生クリームを加え、混ぜる
4 塩を加え、ヘラの跡がつくくらいのか
　たさになったら火を止める。

のせるだけのトッピングを添えて

好きなトッピングをプラスできるのも、手作りの田舎風タルトの
醍醐味。自由な組み合わせを楽しんで！

① バニラアイス

あたたかい田舎風タルトにのせて
とろけたアイスは絶品！
ミルク感の濃いバニラアイスを
チョイスして。

〈おすすめ〉
- アメリカンチェリーのタルト（p.28）
- パイナップルとココナッツのタルト（p.38）
- りんごとシナモンのタルト（p.50）

② はちみつ

フルーツとはちみつは間違いのない
組み合わせ。とくに酸味のある
フルーツに合わせると、
まろやかな味わいに。

〈おすすめ〉
- あんずのタルト（p.34）
- いちじくとブルーチーズのタルト（p.44）
- りんごのタルト（p.48）

ソースやトッピングをプラスするのも田舎風タルトの
楽しみ方のひとつ。ここではおすすめのレシピを紹介！

タルトを
ランクアップする
ソースのレシピ

2

電子レンジで手軽に
チョコレートソース

Chocolate

仕上げにかけるだけで、甘さをプラスしてくれるソース。
火を使わずにできるので、手軽にスペシャル感を演出できます。

チョコレートソースが合う田舎風タルト
- いちごのタルト（p.18）
- オレンジとチョコのタルト（p.22）
- アメリカンチェリーとチョコのタルト（p.30）
- 洋梨とチョコのタルト（p.46）

材料（作りやすい分量）
生クリーム……20g
チョコレート（製菓用）……10g
※チョコレートはふつうの板チョ
コレートでもOK。

作り方
1　耐熱容器に生クリームとチョコレート（板チョコレートの場合は砕いたもの）を入れる。

2　ふんわりとラップをかけ、電子レンジで30秒加熱する。混ぜてソース状になっていない場合は焦げないように注意しながら10秒ずつ加熱する。

③ ヨーグルト

プレーンヨーグルトの水切りをした
ものを用意して。
水切り後、凍らせたり、
生クリームと合わせてもおいしい。

〈おすすめ〉
- フレッシュな桃とアールグレイのタルト（p.32）
- ブルーベリーのタルト（p.36）

④ 生クリーム

どんな田舎風タルトにプラスしてもOK。
甘さは控えめに、7分立てくらいに
ホイップしたものを
トッピングするのがおすすめ。

〈おすすめ〉
- フレッシュな桃とアールグレイのタルト（p.32）
- バナナとキャラメルのタルト（p.70）
- 甘栗のモンブラン風タルト（p.80）

Part
3

季節を問わない
素材を使って

旬のフルーツのおいしさはもちろんだけど、
「年中どこでも売っている」、
「買い置きしていた」、「冷凍庫にあった」など、
手にしやすく、保存方法がラクな食材を使うのもGOOD。
思い立ったときが作りどき！

バナナとチョコ・マシュマロの
タルト／バナナとキャラメルの
タルト／ミックスベリーとカス
タードクリームのタルト／ドラ
イあんずとジャスミン茶のタル
ト／ミックスナッツのタルト／
いちごジャムとシナモンのリン
ツァートルテ風タルト／甘栗の
モンブラン風タルト

バナナとチョコ・マシュマロのタルト

バナナとチョコ・マシュマロのタルト

Before Baking

こんがりマシュマロ×とろけたチョコレートがスモア風。
バナナとの相性のよさもさることながら
スイート＆ハイカロリーが背徳かつ魅惑の味。
ちょっとギルティ、だけど手が止まらない一枚。

材料

タルト生地（プレーン p.8参照）……1枚分
ダマンド（p.13参照）……1枚分
バナナ……1本半〜2本
チョコレート（板）
　……1枚（ダマンド用に25g、トッピング用に25g）
マシュマロ……適量
ナッツ（あれば）……適量

準備

● オーブンは170℃に予熱しておく（焼成前）

作り方

1 バナナは皮を剥き、5mm厚さの輪切りにする。

2 冷蔵庫にねかしておいた田舎風タルト生地、ダマンドを出す。オーブン用ペーパーを敷いて、生地は麺棒で直径22cmほどにのばす（p.11参照）。ダマンドを生地の上にのせ、広げる。手で砕いたチョコレートをまんべんなくのせ、バナナも並べる。敷いているオーブン用ペーパーを折り曲げながら生地を折りたたむ。

3 **2**を冷蔵庫で約30分〜1時間ねかせる。

4 170℃のオーブンで40分焼いたらタルトをオーブンから出し、トッピング用に取り分けたチョコレート、手でちぎったマシュマロ（**a**）を上に並べる。

5 オーブンに**4**のタルトを戻し、さらに10分焼く。仕上げに砕いたナッツをかける。

a

マシュマロは手でちぎって好みの大きさに。ちぎることで断面にほどよい凹凸ができ、焼き上がりの食感がさらに◎。

バナナとキャラメルのタルト

バナナと
キャラメルのタルト

甘くてほろ苦いキャラメルソースがバナナとベストマッチ。
焼きたてでバナナがトロトロのうちに、
仕上げにバニラアイス、
さらにキャラメルソースを追いがけすれば濃厚さも倍増。

Before Baking

| 材料 |

タルト生地（プレーン p.8参照）……1 枚分
ダマンド（p.13参照）……1枚分
バナナ……1本半～2本
キャラメルソース（p.64参照）……50g
バニラアイスクリーム……適量
ピスタチオ（あれば）……適量

| 準備 |

● p.64を参照しキャラメルソースを作る
● オーブンは170℃に予熱しておく（焼成前）

| 作り方 |

1 バナナは皮を剥き、5mm厚さの輪切り
にする。冷蔵庫からキャラメルソース
を出し、バナナに絡める（**a**）。

2 冷蔵庫にねかしておいた田舎風タルト
生地、ダマンドを冷蔵庫から出す。オ
ーブン用ペーパーを敷いて、生地は
麺棒で直径22cmほどにのばす（p.11参
照）。ダマンドを生地の上にのせ、広
げる。**1**のバナナをランダムに並べる。
敷いているオーブン用ペーパーを折り
曲げながら生地を折りたたむ。

3 **2**を冷蔵庫で約30分～1時間ねかせる。

4 170℃のオーブンで50分焼く。

5 仕上げにバニラアイス、あれば砕いた
ピスタチオをのせる。好みで、キャラ
メルソースをかけても。

a

キャラメルソースはたっぷりと絡めて。キャ
ラメルソースがかたいときは電子レンジで
10～20秒あたためる。

ミックスベリーと
カスタードクリームの
タルト

ベリーの酸味と、手作りカスタードがあいまった風味豊かなタルト。
ほどよい甘さのカスタードクリームは、
マスターすればp.84のミルフィーユのほか
いろんなスイーツで大活躍。

Before Baking

| 材料 |

タルト生地（プレーン p.8参照）……1 枚分
冷凍ミックスベリー……150g

カスタードクリーム
牛乳……200g
バニラビーンズ……¼本
　（またはバニラオイル3滴程度）
卵黄……2個分
グラニュー糖……40g
薄力粉……10g
バター（食塩不使用）……20g

| 準備 |

●カスタードクリームを作る

1　小鍋に牛乳、バニラビーンズ（ナイフなどの先を
　　使ってさやをさき、粒をしごき出し、粒とさやを
　　牛乳へ）を入れて弱火にかける。牛乳がふつふつ
　　としだしたら火を止める（**a**）。
2　ボウルに卵黄とグラニュー糖を入れて、全体が白
　　っぽくなるまで泡立て器で混ぜる。
3　薄力粉をふるいにかけながら**2**のボウルに加えて
　　いく。その際、泡立て器で混ぜながら加え、ダマ
　　にならないように注意する。
4　**3**に、**1**の牛乳を少しずつ加えては混ぜるを繰り
　　返す（**b**）。
5　小鍋に**4**を戻し、泡立て器を使い、混ぜ続けなが
　　ら弱火にかける（**c**）。クリーム状にかたくなり、
　　コシがきれたら火を止め、バターを加えて混ぜる。
6　氷水（分量外）で急速に冷やしながら粗熱をとる。
　　冷蔵庫に入れておく。
　　※なめらかな口あたりにしたい場合は、うらごしをする

● オーブンは170℃に予熱しておく（焼成前）

| 作り方 |

1 冷蔵庫にねかしておいた田舎風タルト生地を
　　出す。オーブン用ペーパーを敷いて、麺棒で
　　直径22cmほどにのばし（p.11参照）、敷いて
　　いるオーブン用ペーパーを折り曲げながら生
　　地を折り込んで、高さ約1.5cmの土手を作る。

2 **1**にカスタードクリームを流し込み、その上
　　に冷凍ミックスベリーをランダムに並べる。

3 **2**を冷蔵庫で約30分〜1時間ねかせる。

4 170℃のオーブンで50分焼く。

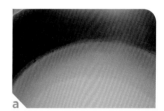

a
鍋の縁から気泡がふつふつとわき
出てきたら火を止める。

b
熱い牛乳は30〜40mlずつ、5〜6
回に分けて加える。

c
ダマになりやすいので、手早くぐ
るぐるとよく混ぜる。

ドライあんずとジャスミン茶のタルト

ドライあんずと
ジャスミン茶のタルト

自然なすっきりとした甘みと酸味がドライあんずの特徴。
ジャスミン茶の香りともぴったり。
ドライフルーツは栄養素もぎゅっと詰まっているので、
朝食スイーツとしてもオススメ。

Before Baking

材料

タルト生地（プレーン p.8参照）……1 枚分
ダマンド（p.13参照）……1枚分
ドライあんず……9個
ジャスミン茶の葉……5g

準備

● オーブンは170℃に予熱しておく（焼成前）

作り方

1 ドライあんずはお湯（分量外）で戻す
（**a**）。ジャスミン茶の葉はすり鉢で
粉末状にする。冷蔵庫から出したダマ
ンドをボウルに移し、粉末にした茶葉
を加えヘラなどで混ぜ合わせる。

2 冷蔵庫にねかしておいた田舎風タルト
生地を出す。オーブン用ペーパーを敷
いて、麺棒で直径22cmほどにのばし
（p.11参照）、**1**のダマンドを塗る。戻
したあんずをバランスよく並べる。敷
いているオーブン用ペーパーを折り曲
げながら生地を折りたたむ。

3 **2**を冷蔵庫で約30分～1時間ねかせる。

4 170℃のオーブンで50分焼く。
※途中、焦げそうなときはアルミホイルを
のせる。

a

耐熱のボウルにドライあんずを入れ、湯
をはる。あんずは指で触って、やわらか
くなればOK。

ミックスナッツのタルト

ミックスナッツの
タルト

〈 ザクザク、ポリポリ……いろんな食感がユニーク！
〈 コーヒーの風味や香りをダマンドに混ぜているのもポイント。
〈 お酒にも合いそうな、ちょっと大人な味わいなので、
〈 おもてなしにもオススメ。

Before Baking

| 材料 |

タルト生地（小麦ふすま p.8参照）……1枚分
ダマンド（p.13参照）……1枚分
ミックスナッツ（食塩不使用）……50〜70g
ドリップ用コーヒー……1/2袋
キャラメルソース（p.64参照／好みで）
　……適量

| 準備 |

● オーブンは170℃に予熱しておく（焼成前）

| 作り方 |

1 ミックスナッツを好みの大きさに刻む
　（a）。冷蔵庫から出したダマンドを
　ボウルに移し、ドリップコーヒーの袋
　を開け、コーヒー粉末を加えヘラなど
　で混ぜ合わせる。

2 冷蔵庫にねかしておいた田舎風タルト
　生地を出す。オーブン用ペーパーを
　敷いて、麺棒で直径22cmほどにのば
　し（p.11参照）、**1**のダマンドを塗る。
　ミックスナッツを端から真ん中まで隙
　間なく盛る。敷いているオーブン用ペ
　ーパーを折り曲げながら生地を折りた
　たむ。

3 **2**を冷蔵庫で約30分〜1時間ねかせる。

4 170℃のオーブンで50分焼く。

5 好みで焼き上がりにキャラメルソース
　をかける。

a

アーモンド、カシューナッツ、ピスタチ
オなど、食塩不使用のものならどんなナ
ッツでもOK。

いちごジャムとシナモンのリンツァートルテ風タルト

いちごジャムと
シナモンの
リンツァートルテ風タルト

Before Baking

オーストリアのリンツ地方を発祥とする
古典菓子・リンツァートルテをイメージ。
シナモンが香る生地とベリーのジャムがぴったり。
ジャムは、ブルーベリーやフランボワーズなど、
ベリー系ならどんなものでもOK！

材料

タルト生地（シナモン p.8のプレーン生地の
材料＋シナモンパウダー3g）……1枚分
いちごジャム……70〜80g

準備

- プレーン生地の材料の粉類を合わせる際、シ
  ナモンパウダーを加え、以降はp.9〜の手順
  どおりに生地を作る
- オーブンは170℃に予熱しておく（焼成前）

作り方

1. 冷蔵庫にねかしておいた田舎風タルト生地
   を出す。1/8枚分くらいを取り分け、デコ
   レーション用に型抜きする（**a**）。

2. オーブン用ペーパーを敷いて、**1**の残りの
   生地を麺棒で直径20cmほどにのばし（p.11
   参照）、いちごジャムを厚めに塗る。型抜
   きした生地をのせる。敷いているオーブン
   用ペーパーを折り曲げながら生地の端を通
   常より1cmほど長く内側に折りたたむ。

3. **2**を冷蔵庫で約30分〜1時間ねかせる。

4. 170℃のオーブンで50分焼く。

a

型抜きは小さめのクッキー型を使うのが
オススメ。デコレーションなので、なく
てもOK。

甘栗のモンブラン風タルト

甘栗の
モンブラン風タルト

みんなが大好きなモンブランを、
超手軽にタルトで、しかもむき甘栗でかなえた1枚。
マロンクリームのやさしい甘みと、なめらかな舌触りが最高。
市販のむき甘栗だから、手間のかかる下ごしらえなし。

Before Baking

材料

タルト生地（プレーン p.8参照）……1枚分
ダマンド（p.13参照）……1枚分
むき甘栗……20g

マロンクリーム
むき甘栗……100g
牛乳……100g
グラニュー糖……30g
トッピング
生クリーム……20g
グラニュー糖……2g

準備

● 生クリームはグラニュー糖を加えて7分立てに泡立てておく
● オーブンは170℃に予熱しておく（焼成前）

作り方

1 むき甘栗（マロンクリーム用とダマンド用）を切る（**a**）。耐熱ボウルに甘栗（100g）とグラニュー糖、牛乳を入れて、電子レンジで30秒加熱する。甘栗と牛乳があたたまるくらいでOK。

2 ミキサーでペースト状にし、冷蔵庫で冷やす。※なめらかな口あたりにしたい場合は、うらごしをする。

3 冷蔵庫から出したダマンドをボウルに移し、甘栗（20g）を加え、ヘラなどで混ぜ合わせる。

4 冷蔵庫にねかしておいた田舎風タルト生地を出す。オーブン用ペーパーを敷いて、麺棒で直径22cmほどにのばし（p.11参照）、**3**のダマンドを塗る。敷いているオーブン用ペーパーを折り曲げながら生地を折りたたむ。

5 **4**を冷蔵庫で約30分〜1時間ねかせる。

6 170℃のオーブンで50分焼く。ダマンドの上に何ものせずに焼くので、焦げないように注意する。

7 粗熱がとれたら**2**のマロンクリームを塗り（**b**）、好みで生クリームをのせる。

a 甘栗は半分、さらに半分にカットする。

b 焼き上がったタルトの上にマロンクリームを塗る。スプーンの背やヘラを使うと塗りやすい。

Part

自慢の
スイーツ

田舎風タルトだけにとどまらず、
美味しいお菓子作りを追求するRyokoさんの
オススメ厳選スイーツ5種のレシピを紹介。
おいしさはもちろん、手順も失敗なく
できるよう、工夫されたものばかり。

冷凍パイシートでお手軽ミルフィーユ／ざくざくスコーン／クローブ香るバナナチョコパウンドケーキ／りんごを楽しむタルトタタン／卵白があったらフィナンシェ

冷凍パイシートでお手軽ミルフィーユ

冷凍パイシートで
お手軽ミルフィーユ

家族に大好評というのが、このパイシートで作るミルフィーユ。
コツはパイシートの膨らみをおさえるために耐熱容器などの重みを活用するのみ。
ボリュームのある大きなミルフィーユができるので、パーティーなどにぴったり。

材料(約22cm×13cm1台分)

冷凍パイシート……3枚
いちご……1パック
生クリーム……200g
グラニュー糖……20g
粉糖……適量
カスタードクリーム(p.73参照)……200g

準備

- 生クリームはグラニュー糖を加えて7分立てに泡立てておく
- p.73を参照しカスタードクリームを作る
- オーブンは170℃に予熱しておく

作り方

1 冷凍パイシートを170℃のオーブンで10分焼き、膨らんできたら耐熱容器をのせ(**a**)、そのままきつね色になるまで約20分焼く。
※焦げやすいので、オーブンの中の様子を確認しながら焼く。

2 **1**の焼けたパイシートを冷ましている間に、冷蔵庫から出したカスタードクリームと泡立てた生クリームを合わせる。

3 いちごは水洗いし、キッチンペーパーなどでしっかりと水気を拭く。ヘタを切り落とし、厚さ3mm前後の輪切りにする。

4 パイシートに**2**のクリームを塗り、いちごを並べる(**b**)。その上に**2**のクリームを塗ったらパイシートを重ねる。これをもう一回繰り返す。

5 仕上げに粉糖をふる。

a パイシートが膨らみすぎないよう、途中で重いものでおさえる。

b いちごは隙間なくぎっしり並べると、カットしてどこから食べてもいちごの存在感あり。

ざくざくスコーン

食事にぴったりな、甘さを控えたスコーン。
仕上げに練乳を塗るのが美しい焼き上がりのポイント。
ジャムを添えて、アツアツを召し上がれ！

材料（4cm角6個分）

薄力粉……100g
強力粉……50g
全粒粉……50g
ベーキングパウダー……6g
バター（食塩不使用）……70g
卵……1個
牛乳……50〜60g（下準備参照）
塩……1g
砂糖……20g
練乳……適量

準備

- 薄力粉、強力粉、全粒粉、ベーキングパウダー、塩、砂糖を混ぜ合わせ、冷蔵庫で冷やしておく
- バターは1cm角に切り、冷蔵庫で冷やしておく
- 卵をとき、そこに合計90gになるまで牛乳を加え、冷蔵庫で冷やしておく
- オーブンは200℃に予熱しておく（焼成前）

作り方

1. 合わせておいた粉類とバターを冷蔵庫から出しボウルに入れ、指の腹ですりつぶしながら混ぜ合わせる。手でぎゅっと握ると、形が残るくらいのかたさになったらOK。

2. 1に、冷蔵庫から出した卵液を加える。生地全体の水気がなくなるまでさっくりと混ぜたらまな板の上に移し（a）、手でひとつにまとめる（b）。

3. 2を3等分して重ね（c）、麺棒でのばす。これを3回繰り返し、ラップでくるむ。

4. 3を冷蔵庫で1時間ほどねかせる。

5. 生地の端を切り落とし、正方形6個に切り揃える。表面に練乳を塗って200℃のオーブンで20分焼く。

a
混ぜすぎない。このくらいパラパラでOK。

b
手でぎゅっとおさえ、こねないようにひとまとまりにする。

c
3等分した生地を重ねてのばすことで、きれいな断面に。

クローブ香るバナナチョコパウンドケーキ

クローブ香る
バナナチョコパウンドケーキ

甘すぎずオールタイム食べたくなるパウンドケーキ。
焼き上がる前、生地に切り込みを入れることで真ん中がきれいに割れ、
より美しい仕上がりに。

材料(18cm×8cm型1台分)

バター(食塩不使用)……100g
グラニュー糖……85g
卵……2個
薄力粉……110g
ベーキングパウダー……2g
無糖ココアパウダー……10g
クローブ……1g
バナナ……1本
キャラメルソース(p.64参照)……30g

準備

● バターを室温に戻しておく
● 卵を室温に戻し、よくといておく
● 薄力粉、ベーキングパウダー、無糖ココア
　パウダーを混ぜ合わせておく
● p.64を参照しキャラメルソースを作る
● 型にオーブン用ペーパーを敷いておく
● オーブンは170℃に予熱しておく(焼成前)

作り方

1 バナナは皮を剥き、1.5cmの角切りにする。フライパンにバナナ、キャラメルソースを入れて弱火にかける。バナナの形が崩れない程度に軽く火を通す。

2 ボウルに、室温に戻したバターを入れ電動ホイッパーでふわっとするまで攪拌する。

3 2にグラニュー糖を加えて、電動ホイッパーで白っぽくなるまで攪拌する。といた卵を少しずつ加え、その都度、電動ホイッパーでよく攪拌し乳化させる(a)。

4 3に粉類をふるい入れ、ヘラなどで練らないようにさっくりと混ぜ合わせる。少し粉気がある状態で1を加え(b)、まんべんなく混ぜる。

5 オーブン用ペーパーを敷いた型に、4の生地を入れ(c)、クローブを差し込み、ヘラなどで真ん中をくぼませる。

6 170℃のオーブンで10分焼いたらオーブンから出し、真ん中に切り込みを入れる。さらに40分焼く。

7 焼き上がったら型から外してオーブン用ペーパーを取り、冷ます。

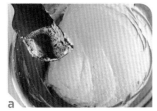

a　粉類を加える前。電動ホイッパーを使うと早く空気が入る。

b　粉が残るくらいの生地の状態で、キャラメルバナナを加える。混ぜすぎないことがポイント。

c　型に生地を流し入れたら中央を低くすること。均等に全体がふっくらと焼き上がる。

りんごを楽しむタルトタタン

りんごを楽しむ
タルトタタン

〉見た目はちょっと難しそうですが、
〉冷凍パイシートを使うことでぐっと手軽なレシピに。
〉キャラメルが香るぜいたくなおいしさは秋にぴったり。

| 材料（直径12cmのマンケ型1台分） |

りんご……3〜4個
グラニュー糖……種と皮をのぞいたりんごの重さの10%
水……大さじ1
バター（食塩不使用）……グラニュー糖の重さの50%
レモン汁……大さじ1
冷凍パイシート……1枚（75〜100g）

| 準備 |

● オーブンは190℃に予熱しておく（焼成前）
● パイシートは解凍し、麺棒で正方形にのばす。

| 作り方 |

1 りんごは水洗いし、皮を剥いたら、8等分（大きい場合は16等分）のくし形切りにする。芯はネットなどに入れる。

2 フライパンにグラニュー糖、水を入れて中火にかける。栗の鬼皮くらいの茶色になったらバターとりんごを入れて（**a**）（**b**）、強めの弱火で煮る。りんごにまんべんなく火が通るように、崩れないよう注意しながらときどき全体を混ぜる。りんごから出た水分が深さ1mmくらいまで減ったら火を止める。

3 レモン汁を入れる。

4 マンケ型に **3** のりんごを隙間なく並べ入れて（**c**）、フライパンに残った水分も回し入れる。

5 190℃のオーブンで90分焼く。40〜45分くらい焼いたら1回取り出し、スプーン等で表面を押さえて平らに整える。残り10分のところで冷凍パイシートをかぶせて端を折り込み、軽く押さえてりんごと密着させ、再び焼く。

6 粗熱がとれたら冷蔵庫に入れ、6時間以上冷やし固める。型から外すときはあたためたタオルを型にあてて、ナイフを1周入れてから皿の上でひっくり返す。

a
キャラメルが濃い茶色になったらバターを入れる。

b
りんごの芯をネットに入れて一緒に煮ると変色防止に。

c
型に隙間なくりんごを並べ入れる。

卵白があったら
フィナンシェ

スイーツ作りで卵黄を使った後は、残った卵白も有効活用！
焦がしバターの香りと風味で上品なおいしさに。
焼きたてを1度食べたら、きっとまた作りたくなるはず。

材料（約8cm×4cmの型7個分）

薄力粉……20g
アーモンドパウダー……40g
塩……1g
ベーキングパウダー……1g
バター（食塩不使用）……60g
卵白……2個分
てんさい糖……45g
はちみつ……10g

準備

- 卵白は室温に戻しておく
- 薄力粉、アーモンドパウダー、塩、ベーキング
  パウダーを泡立て器でよく混ぜ合わせておく
- 型にバター（分量外）をまんべんなく塗り、
  強力粉（分量外）をふり（a）、冷蔵庫に入れ
  ておく
- オーブンは210℃に予熱しておく（焼成前）

作り方

1 フライパンにバターを入れて中火にかけ、栗の
鬼皮のような茶色になったら火を止める（b）。
フライパンの底を氷水（分量外）につけて冷やし、
50℃前後に保温する。

2 ボウルに卵白とてんさい糖を入れて泡立て器で
すり混ぜる。その際、泡立てないように注意す
る。

3 2にはちみつを混ぜる。粉類を加え、粉気がな
くなるまで混ぜる（c）。

4 1の焦がしバターを少しずつ加え、その都度、
混ぜ合わせる。

5 冷蔵庫から強力粉をふった型を出し、4を流し
込む。

6 210℃のオーブンで3分焼き、そのまま170℃で
さらに7分焼く。焼き上がったら型から外す。

a

使用する型は、シリコン製のものなどで
もOK。

b

濃い茶色になったら火を止める。

c

粉の質感がなくなるまで静かに混ぜる。

田舎風タルトが
もっとおいしくなる Q&A

生地作りのコツは？

こねすぎると
サクサク感がなくなります

とにかく混ぜすぎない、こねないこと！ 材料を「まとめる」というときも、手でぎゅうぎゅうすることはありません。力まず、手早くを心掛けて。

オーブンから出したら
表面が焦げていました

途中でよく見て必要なら
アルミホイルをかぶせて

フルーツもダマンドも焦げやすいので、焼いているときは焦げていないか頻繁にチェックを。焦げそうだったら迷わず一度オーブンを開けても大丈夫です。

作った田舎風タルトが
食べきれないときは？

オーブントースターで
あたため直すとおいしい！

ラップをかけ冷蔵保存なら2〜3日、ラップで包み、冷凍保存用の密封袋に入れて冷凍保存も可能。あたためるときは、オーブンまたはオーブントースターで。電子レンジは、生地のサクサク感が損なわれるのでオススメしません。

田舎風タルトをもっと楽しむために、
上手に作るコツやこだわりを聞きました！

Q
レシピにない
フルーツでも作れる？

A
もちろん！
自由な組み合わせを楽しんで

ダマンドが全体をまとめてくれるので、の
せて焼けばいけると思います（笑）。焼くと、
フルーツの意外なおいしさを発見できること
も。桃とマンゴーだけは生のままがオススメ。

Q
お菓子作りの
こだわりは

A
フルーツのおいしさを
最大限生かすこと、
無理なくできること

自分や家族が食べるものは、なるべく旬のも
の、自然なものを、と思っていて、だから、
フルーツもどんどん食卓に取り入れたいんで
す。あとは、洗い物が嫌いなので（笑）少な
い道具でできるように工夫もしています。

Q
お菓子作りに
愛用しているツールは？

A
フルーツを切るナイフと
小さなクッキー型

ペティナイフは母からのプレゼント。切れ味
はもちろん、小さくて取り回しがよく、何に
でも使える"相棒"。クッキー型は海外製。上
を押すと、型抜きした生地が外れて便利です。

Ryoko
(citrusorange)

"型を使わずできるだけ手間を省いて、休日の朝をちょっと特別に"を実現した田舎風タルトがSNSでバズり、人気を博す。手軽さだけでなく、独創性に富んだデコレーションはアート性も高く、見ておいしい・食べておいしいをかなえる。タルトをはじめスイーツ全般で多くのファンを持つ。

Twitter：@citrusorange8

Staff

撮影：佐々木美果
アートディレクション：細山田光宣
デザイン：奥山志乃（細山田デザイン事務所）
スタイリング・取材：comete（こめて）
校正：麦秋アートセンター
DTP：アーティザンカンパニー
編集：志村綾子

\ いつものフルーツが絶品になる

型いらずの田舎風タルト

2023年3月2日　初版発行

著者／Ryoko (citrusorange)

発行者／山下直久
発行／株式会社KADOKAWA
〒102-8177 東京都千代田区富士見2-13-3
電話　0570-002-301（ナビダイヤル）

印刷・製本／図書印刷株式会社

お問い合わせ
https://www.kadokawa.co.jp/
（「お問い合わせ」へお進みください）
※内容によっては、お答えできない場合があります。
※サポートは日本国内のみとさせていただきます。
※Japanese text only

定価はカバーに表示してあります。